Impressum

SPORTS-Schriftenreihe zum Wintersport
Herausgegeben von Alfred Grüneklee und Herbert Heckers

Band 25 Skifahren – einfach schön

Verfasser
Dieter Menne – Bilder
Walter Kuchler – Texte

Lektorat
Karl-Heinz Platte

Gestaltung
Art meets Graphik, Mülheim an der Ruhr

Druck und Verlag
Wulff GmbH, Dortmund

Copyright 2015 bei SPORTS

ISBN 978-3-88090-117-9

SP○RTS -Schriftenreihe zum Wintersport 25

Herausgegeben von Alfred Grüneklee und Herbert Heckers

Skifahren – einfach schön

Walter Kuchler / Dieter Menne

Vorwort der Herausgeber

Die beiden Autoren Dieter Menne, von dem das Bildmaterial stammt, und Walter Kuchler, der es in Texte mit teils historischen Wurzeln einbettete, entführen den Leser in die Faszination des Skifahrens. Die teils poetischen Kommentare und die Fotos bescheren diesem Buch eine ästhetisch-philosophische Komposition, der sich der Betrachter und Leser nur schwer entziehen kann.

Mit der Kombination von emotional aufgeladenen historischen Texten skibegeisterter Zeitgenossen und Bildern von heute belegen sie die unvergängliche Faszination des Phänomens Alpiner Skilauf. Dieser präsentiert sich uns dabei oft eingebettet in grandiose Naturbilder, stimmungsvoll mit der Kamera „gemalt".

Im „Schnee als unserem fünften Element" spielen wir hier in zehn Kapiteln mit unseren Bewegungskünsten bis zur Selbst- und Weltvergessenheit. Dies geschieht in einer Weise, die die moderne Welt mit dem uralten, immerwährenden Drang des Menschen verbindet, Natur in rauschhaften Befindlichkeiten zu erleben. Dabei immer auf der Suche nach kostbaren Glücksmomenten. Für uns Skifahrer entstehen diese immer wieder im Spielen mit unseren Ski und unseren Bewegungskünsten. Die ausgewählten Fotos belegen die vielfältigen variantenreichen Möglichkeiten des heutigen Skifahrens.

Skifahren in der Gegenwart ist ein wunderbares Spiel mit einem riesigen Spektrum an Variationen vom alltagsvergessenden gemeinschaftlichen Skifahren von Piste zu

Piste und Hütteneinkehr bis zu hochsportlichen Bewegungskünsten mit extremen Kurvenlagen, in der Buckelpiste, beim Freeriden oder in Snowparks. „Die Sinndimension des Spielens hat an Bedeutung gewonnen" heißt es im Kapitel 2 mit der Überschrift „Die Botschaft der Moderne – neuer Aufbruch". Das bedeutet vor allem die Überwindung starrer Bewegungsvorschriften und dogmatisierender Lehrpläne, die bis vor wenigen Jahren die Freiheit der Skifahrer begrenzten. Durch die heutigen Carvingski und die mit ihnen möglichen und relativ leicht zu erlernenden Fahrtechniken können ganz neue, erweiterte emotionale Erlebnisdimensionen bezüglich Schwungrhythmen und „Kurvenmelodien" buchstäblich erfahren werden. Kurvenglück in Kurvenlagen, moderat oder extrem, die Freiheitsgrade im Spiel mit der Schwerkraft scheinen fast unbegrenzt. Unsere Gefühlswelt erhält in neuen Bewegungen, im rauschhaften Spiel mit dem Gleichgewicht Impulse, die uns manchmal gar sprachlos machen. Sie erschaffen uns Glücksmomente, wenn wir – nun oft so leicht – ein neues Können spüren.

Dies alles vermittelt die Bild-Wort-Komposition des Buches dem Leser und Betrachter nach Meinung der Herausgeber auf eine so eindrucksvolle Weise, wie sie in der Skiliteratur nur selten zu finden ist, und noch mehr. Dieses Mehr mag jeder Leser für sich herausfinden, denn es ist sicher nicht für jeden das Gleiche. In jedem Fall ist das Buch eine Hommage an die Ästhetik und Poesie der weißen Kunst.

Alfred Grüneklee und Herbert Heckers

Gliederung

Vorwort der Herausgeber   2

Gliederung   4

Einführung der Autoren   7

1. Skilauf – neues Land   11
    1894/1895 – der Winter, eine Welt im „Feierkleid"
    1900 – „Neues Land"
    1908 – Faszination von Anfang an
    1927 – König des Sports
    1929 – befreit von Erdenschwere
    1939 – mit musikalischem Empfinden
    Land der Träume

2. Die Botschaft der Moderne – neuer Aufbruch   20
    Erfolg und Können für alle
    Der Quantensprung zur Autokinetik
    Weniger riskant und doch sehr kühn
    Die vollkommene Kurve: Synergie von Fahrer und Ski
    Alles ein großes Spiel
    Bewegungsgefühle wie nie zuvor

3. Schnee – unser fünftes Element   30
    „Eine Seligkeit ist's, über den Schnee zu huschen."
    Im ersten Schnee
    Wunder der winterlichen Schneewelt
    Schnee verzaubert
    Im Schnee daheim
    Schönschreiben im Schnee
    Vom Schnee sinnlich berührt

4. Ski – unsere „Zauberpferdchen"   40
    Ski – Werkzeuge und Instrumente
    Ski – wie „beflügelte Schuhe"
    „Schon schwingen sie herum"
    Ski – unendlich verlängerte Glieder
    Mit kurzen Ski und kleinen eleganten Schwüngen
    Die Kurve im Ski für die Kurve im Schnee

5. „Ein Schneemensch bin ich!"   50
    Glückliche Schneemenschen
    Freiheit und Selbstständigkeit
    Sehnsucht nach Bewegungsfreiheit
    Flieger und Taucher zugleich
    Über sich hinaus wachsen
    Der ganze Mensch ein Skifahrer
    Einmal Skifahrer – immer Skifahrer

6. Wie der Carvingski die Welt veränderte – Skirevolution Carving 59

Mit Carven geht alles leichter

Ski auf Kurven geeicht

Offen und unbegrenzt

Mehr Sicherheit – weniger Risiko

Spektakulär – zum Fahren eher harmlos

Eine Chance für Handicap-Fahrer und Senioren

7. Carvingtechnik – Zauberformel Carving 68

Kleine Carvingschule mit sechs Ratschlägen

Carving expressiv – ein Kaleidoskop

8. Die Melodie der Kurve – Schwungrhythmen 74

Süchtig nach Kurvenlage und Kurvendruck

Schwingende Rhythmen

Die vollkommene Kurve: Zusammenspiel von Fahrer und Ski

Kurvenflow und einmalige Präsenz

Kurvenlage und Stauchdruck

Das Ich im Kurvenrausch

„Lieber Gott, lass den Hang nie enden!"

Schweben in Raum und Zeit

9. Motions by Emotions – Emotions by Motions 84

„Der Reiz des nahezu wirklichen Vogelfluges"

Hermann Hesses erotische Skigefühle

Kühnheit, Eleganz, Rhythmus

Bis die Gefühle einströmen

Gleich dem erhöhten Herzschlag

Arrangements guter Gefühle

Damit alles stimmig wird

In Kaskaden von Hormonen

Glückliche Minuten und glückliche Stunden

10. Selten allein unterwegs – Wellnessspuren 96

Gemeinsame Künste – gemeinsame Spuren

Choreographien – Bewegungstheater auf Ski

Skihaserl-Legenden – damals und heute

Fremde – Bekannte – Freunde

Wellness spezial – gegönnt

Hintereinander – Miteinander

Selten allein – häufig zu Zweit

Einkehr – Heimkehr

Sommerspuren – Wolkenträume

Einführung

Verehrte Leser,

Fotograf und Autor legen Ihnen ein Buch über modernes Skifahren vor. Wir haben in vielen Beiträgen für Zeitungen und Zeitschriften und in fünf fachlich orientierten Büchern seit 1987 über diese neue Art des Skifahrens berichtet und dafür geworben. Vor allem auch bei dem vom uns ins Leben gerufenen und über 14 Jahre betreuten „SkiSupertest" des „Skiläufers" und des „Skimagazins", bei dem viele der in diesem Band gezeigten Fotos entstanden. Über viele Jahre wurden unsere Artikel und Fotos in den Magazinen von sieben Ländern verbreitet. Gemeinsam haben wir auch sieben Bücher publiziert, von denen drei in zwei weiteren Sprachen erschienen sind.

In die Zeit unserer Publikationen fiel die Evolution und Revolution der Skitechnologie und Skitechnik, die unter dem Begriff Carven Geschichte gemacht hat. Dieser Thematik ist der Hauptteil der Bilder und des Textes gewidmet. Aber Sie finden als Leser auch Materialien zum Tiefschneefahren, zu akrobatischen Leistungen und zu exzessiven Sprüngen.

Bei allem Bemühen um fachliche Kompetenz in der Skitechnik und in der Skitechnologie war uns die ästhetische Vermittlung immer Anliegen. Diese lebte zunächst von guten Bildern. Aber auch in den Texten unserer Bücher wurden beispielsweise Skitechniken in ihrer ästhetischen Expression beschrieben.

Ein noch größeres Anliegen, wenn man schon interpretatorische und philosophische Ambitionen hat, sind uns Darstellungen und Aussagen zum Warum und Wieso des Skifahrens. Was bedeuten dem Skifahrer Winter und Schnee? Wie verstehen sich die Skifahrer selbst? Welche Rolle spielt der Ski in einem Skifahrerleben?

Wo die Expression der Bewegung fokussiert wird, ist die Brücke zur Emotion der Bewegung nicht weit. Was hier zu sagen ist, haben kanadische Experten 1983 auf einem Kongress in Sexten, Italien, auf den Punkt gebracht: Motion by Emotion – Emotion by Motion. Wir bauen auf dieser Sicht auf und wagen uns bis ins Reich des Glücks vor.

Am Ende hoffen wir, dass sich unsere Leser in diesem Buch selbst wiederfinden. Dass sie entdecken, wofür uns oft „die Worte fehlen". Und vielleicht können Nicht-Skifahrer, die eigentlich über die Skifahrer gerne – und aus ihrer Sicht verständlich – den Kopf schütteln, doch einen kleinen Zugang zu dieser ganz eigenen Welt des Lebens und des Sports finden.

Dass unsere Idee eines solchen Buches überhaupt verwirklicht werden konnte, verdanken wir einigen Leuten, die an das Projekt glaubten: den Herausgebern Alfred Grüneklee und Herbert Heckers, unserem Präsidenten Hubert Fehr, unserem Lektor Karl-Heinz Platte, unserem Grafiker Bernd Speckin und Uli Wulff, dem Inhaber von Verlag und Druckerei.

Ihre

Walter Kuchler und Dieter Menne

Skilauf – neues Land

Die Menschen der Steinzeit hinterließen uns Dokumente für den Gebrauch von Ski in Form von Felszeichnungen. Durch Moorfunde in Schweden wird unser Wissen erweitert. Später erzählen Sagen und Berichte von einer hochentwickelten Kunst des Laufens wie des Fahrens. So werden an skandinavischen Königshöfen und bei den Wikingern Schauläufe und Wettkämpfe schon im 11. Jahrhundert im Abfahren ausgetragen, bei denen elegantes Kurvenfahren und kühne Quersprünge gezeigt werden.

Irgendwie kamen Kunde und Wissen der Skilaufkunst im 17. Jahrhundert in ein Waldgebiet namens Bloke in der Nähe der heutigen Hauptstadt Sloweniens Ljubljana. Und dort betrieben Männer, Frauen und Kinder am Sonntag nach der Kirche das Skifahren ganz in unserem heutigen Sinn – als sportliches Spiel.

Um 1860 trieben die jungen Burschen in Morgedal, einer Ortschaft in der Landschaft Telemarken südöstlich von Oslo, den ganzen Winter hindurch das Skispringen und erfanden zum Anhalten der Fahrt nach dem Aufsprung den Telemark und wenig später den Kristiania (den Namen Kristiania für das parallele Querreißen der Ski verdankt diese Technik dem Namen der Hauptstadt Oslo, die von 1621 – 1921 Kristiania hieß).

Undenkbar wäre die Entwicklung des Skilaufs der letzten 150 Jahre ohne die Expedition „auf Schneeschuhen durch Grönland" des Norwegers Fridtjof Nansen. Als sein Bericht darüber 1889 erschien, brach in den deutschen Mittelgebirgen und in den Alpen das Schneefieber aus. Nansen, der später den Nobelpreis erhielt und zum Präsidenten des Völkerbundes gewählt wurde, wurde zur Ikone des Skilaufs.

Lassen wir vor allem Pioniere des „neuen Landes" selbst sprechen und zeigen wir dazu, wie sich dieser Sport ganz nach ihren Visionen heute präsentiert.

1894/1895 – der Winter, eine Welt im „Feierkleid"

„Plötzlich hört der weiße Boden auf, und das Auge verliert sich in dem unendlichen Blau der Luft. Und noch ein paar Schritte höher, und ein leuchtender Kranz mannigfach geformter Berge, strahlenden Gestirnen vergleichbar, wird sichtbar. Wo du dich auch hinwendest, überall gleißt und glänzt und blendet es förmlich: es ist, als ob die Welt ein Feierkleid angezogen hätte ...alles glänzt im hellsten, freudigsten Licht, und nur die langen blauen Schatten, welche die Wintersonne erzeugt, stehen in angenehmstem Kontrast zu all der blendenden Herrlichkeit."

Kunstmaler Carl Egger aus Basel bei der Besteigung des Aroser Rothorns mit Schneeschuhen

1900 – „Neues Land"

„Neues Land hatten wir entdeckt, neues wundersames Leben
erfüllte unser Herz. Andere Freunde führten wir in dieses
Zauberreich des Winters ein und wurden zu Aposteln seiner
Schönheit und der von ihr ausstrahlenden Kraft."

Wilhelm Paulcke um 1900

1908 – Faszination von Anfang an

„Man wird bald den großen Vorzug des Schilaufs vor anderen Sports bemerken –
er macht von Anfang an Freude."

Ernst Schottelius, Der Schisport. Leipzig 1908

1927 – König des Sports

„Nur der Skilauf befreit restlos von den Schlacken der Zivili-
sation, und das nicht auf Kosten der Gesittung, wie so manch
andere Sportart. Und darum wird, solange die Berge stehen und
der Schnee fällt, das Skilaufen der König des Sports bleiben."

*Helmut Kost, Wintersport. In: Die deutschen Leibesübungen, hrsg. von
Edmund Neuendorff. Essen 1927*

1929 – befreit von Erdenschwere

„... durch immer weitergehende Befreiung von aller Erdenschwere, die das Skilaufen zur herrlichsten aller Sportarten, zum Bruder des Fliegens macht."

Fritz Reuel, Neue Möglichkeiten im Skilauf.
Stuttgart 1929

1939 – mit musikalischem Empfinden

„Skilauf ist ein körperlich schwerer und zugleich auf das feinste und fast musikalische Empfinden im Körper eingestellter Sport."

Hubert Mumelter, 1939

Land der Träume

Für viele Skifahrer ist eine Tiefschneeabfahrt – noch dazu an einem Sonnentag, noch dazu als erster Spurenzieher, noch dazu inmitten einer traumhaften Bergkulisse – auch heute noch die Krönung der ganzen Saison. Und jedes Mal meinen sie dabei, das Skifahren neu zu entdecken.

Die Botschaft der Moderne – neuer Aufbruch

Carven mit Carvingski und Carvingtechnik hat die Skiwelt verändert und bietet uns völlig neue Möglichkeiten.

Noch sicherer als jemals zuvor gilt: Fast ausnahmslos jeder kann das Skifahren erlernen. Für Lernprozesse, die früher Jahre, Monate oder Wochen erforderten, benötigen wir heute Tage und Stunden.

Jeder Skifahrer kann heute weitgehend seinen Stil entwickeln. Freiheit als Wahlmöglichkeit, als persönliche Ausprägung und als Chance für viele Ambitionen bietet sich uns an.

Unsere Skibiografie kann sich in der Carving-Ära um ein Jahrzehnt und mehr verlängern. Man kann heute ganz schön alt werden auf Ski.

Die Skisicherheit ist gewachsen: Kürzere Ski mit kürzeren Hebeln. Wir stehen unverkrampft in einer Powerposition auf Ski. Der Normalsturz verläuft auf kurzem Weg – nach innen hin zum Hang – und endet nur selten in Drehungen und Überschlägen.

Carvingski fahren fast von selbst um die Kurve – wenn man sie nur lässt. Sie haben eine hohe Autokinetik, eine hohe Selbstführung. Sie sind hoch entwickelte Instrumente, auf denen wir spielen, agieren und uns skiläuferisch entfalten.

Mit der Leichtigkeit des heutigen Skifahrens und der Vielfalt fahrerischer Möglichkeiten hat die Sinndimension des Spielens an Bedeutung gewonnen: Wir spielen mit dem Ski, mit dem Schnee und mit unseren Bewegungskünsten.

Zwischen Fahrer und Ski entwickelt sich fast immer ein Verhältnis der gegenseitigen Herausforderung, der Bestätigung und der Synergie.

Neue Bewegungsgefühle erschließen sich: Gleiten als Urgefühl des Skifahrens, „Zug auf der Kante" als ein Gefühl des Vorwärtsdrängens und der Spursicherheit, betörend starke bis extreme Kurvenlagen, weites Fliegen des Körpers durch den Raum von einer Seite zur anderen, die Beherrschung der Kompression mit Kraft gegen Kraft, was uns vom Scheitel bis zur Sohle durchpowert.

Carvingski und Carvingtechnik erlauben uns ein schönes, freches Spiel mit dem Gleichgewicht. Schon beim geschnittenen Einfahren in die Kurve erfahren wir Beschleunigung. Schneller werden im Schwung ist eine völlig neue, eine andere Dimension des Fahrens. Ungefährlich und doch sehr kühn.

Unsere Spuren im Schnee erzählen häufig von unseren Entscheidungen, unserem Gestaltungswillen, unseren Einfällen und unserem Können. Jeder malt sich selbst in den Schnee.

Es erfüllt sich auf neue Weise, was Henry Hoek, ein großer Schriftsteller der Berge und des Skilaufs, schon 1932 geschrieben hat:

„Und dein Traum sei Glück und Gleiten."

(„Die Botschaft der Moderne" ist eine programmatische Erklärung von SPORTS. Diese Vereinigung hat die Entwicklung der Carvingtechnik und des Carvingskis aufgegriffen, gegen alle Widerstände von Skilehrern und Skiverbänden vorangetrieben und den ersten Carvinglehrplan der Welt veröffentlicht.)

Erfolg und Können für alle

Noch sicherer als jemals zuvor gilt: Fast ausnahmslos jeder kann das Skifahren erlernen. Für Lernprozesse, die früher Jahre, Monate oder Wochen erforderten, benötigen wir heute nur noch Tage und Stunden.

Der Quantensprung zur Autokinetik

Carvingski fahren fast von selbst um die Kurve – wenn man sie nur lässt. Sie haben eine hohe Autokinetik, eine hohe Selbstführung. Sie sind hoch entwickelte Instrumente, auf denen wir spielen, agieren und uns skifahrerisch entfalten.

Weniger riskant und doch sehr kühn

Carvingski und Carvingtechnik erlauben uns ein schönes, freches
Spiel mit dem Gleichgewicht. Schon beim geschnittenen Einfahren
in die Kurve erfahren wir Beschleunigung. Schneller werden im
Schwung ist eine völlig neue, eine andere Dimension des Fahrens.
Weniger riskant und doch sehr kühn.

Die vollkommene Kurve:
Synergie von Fahrer und Ski

Zwischen Fahrer und Ski entwickelt sich fast immer ein Verhältnis der gegenseitigen Herausforderung, der Bestätigung und der Synergie.

Alles ein großes Spiel

Mit der Leichtigkeit des heutigen Skifahrens und der Vielfalt fahrerischer Möglichkeiten hat die Sinndimension des Spielens an Bedeutung gewonnen: Wir spielen mit dem Ski, mit dem Schnee und mit unseren Bewegungskünsten.

Bewegungsgefühle wie nie zuvor

Neue Bewegungsgefühle erschließen sich: Gleiten als Urgefühl des Skifahrens, „Zug auf der Kante" als ein Gefühl des Vorwärtsdrängens und der Spursicherheit, betörend starke bis extreme Kurvenlagen, weites Fliegen des Körpers durch den Raum von einer Seite zur anderen, die Beherrschung der Kompression mit Kraft gegen Kraft, was uns vom Scheitel bis zur Sohle durchpowert.

Schnee – unser fünftes Element

Schnee. Nur dort, wo viel Schnee fiel und solange liegen blieb wie in den skandinavischen Regionen, gewann man diesem Element auch gute Seiten ab. Auf der übrigen Welt waren Schnee und Winter eine Last, von der man jedes Jahr wieder hoffte, dass sie bald vorüberginge. Lediglich dem Eis konnte man in einigen Regionen gute Seiten abgewinnen.

Nur vereinzelt – wie beispielsweise auf der Bloke bei Ljubljana – fand man im 17. Jahrhundert auch in Mitteleuropa einen Zugang zu Winter und Skilauf. Aber erst der Sport- und Spielgedanke, wie wir ihn gerade im Hinblick auf den Skilauf Ende des 18. Jahrhunderts bei Johann Christoph Friedrich Guts Mut in seiner „Gymnastik für die Jugend" findet, konnte dem Schnee und dem Winter gute Seiten abgewinnen. Wahrscheinlich aber hat erst die Fotografie vielen Menschen die Augen für die Schönheit verschneiter Landschaften, bizarrer vereister Baumgestalten und glitzernder Schneekristalle geöffnet.

Für uns Skifahrer ist der Schnee Voraussetzung und Grundlage unseres Sports. Wir erklären ihn zum fünften Element der Lebenswirklichkeit. Schnee hat so viele Erscheinungsformen, die uns beim Skifahren jubeln, manchmal aber auch verzweifeln lassen. Aber das gehört eben zum Skilaufen.

Man darf die winterlichen Gefahren – Erfrierungen und Lawinen – vor lauter Begeisterung nicht ausblenden. Zum Skifahrerleben gehört, dass man Erfahrungen sammelt und eine Schule durchläuft, um mit Winter und Schnee sicher und kompetent umgehen zu können.

Schnee hat übrigens viele Künstler beschäftigt. Giovanni Segantini (1858 – 1899) nannte man sogar den Maler des Schnees. Zahlreiche Bildbände widmen sich unter den verschiedensten Perspektiven dem Thema Schnee. Es gibt einen englischen Journalisten, Charly English, der von der Sache und Idee Schnee so besessen war, dass er dem Schnee in aller Welt nachgereist ist und darüber ein Buch geschrieben hat: „Das Buch vom Schnee" (2009).

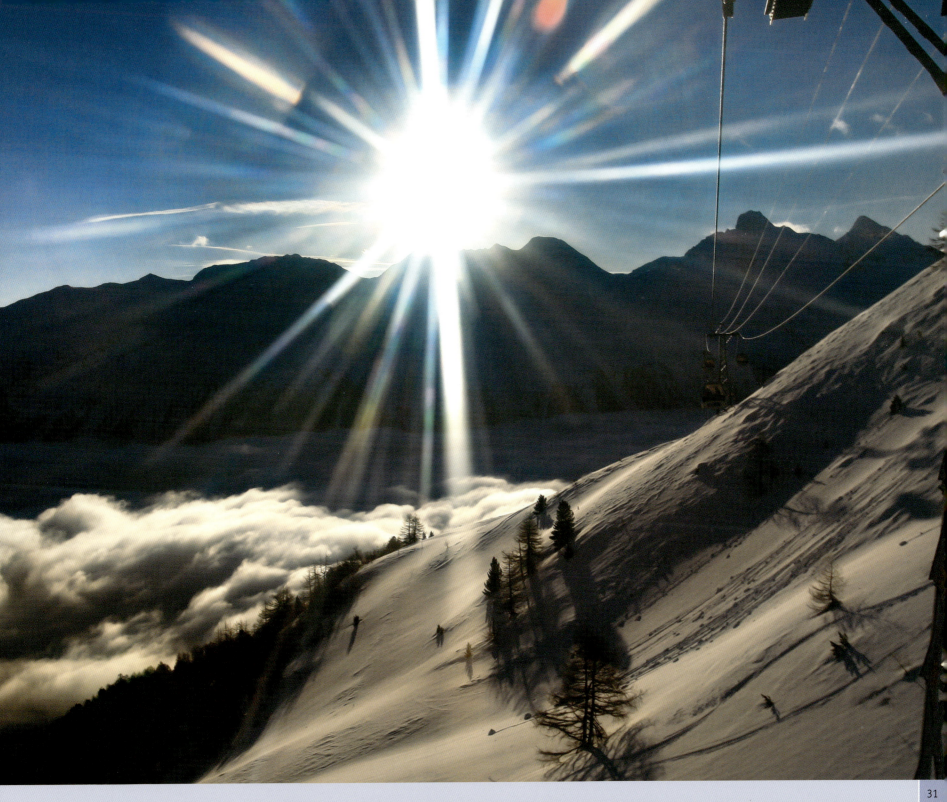

Eine Seligkeit ist's, über den Schnee zu huschen

„...leicht und spielend drehen sich hier die Schwünge. Ebenso froh legt man sich in die lockenden Hänge. Kreuz und quer offen ist die Bahn. ...Schneemulde um Schneemulde wird da wiegend ausgefahren und tief ausgekostet. Eine Seligkeit ist's, in schlichter Zartheit falterleicht und tanzend über den Schnee zu huschen und dabei den feinen Duft von Schnee, von Frische und kühler Gesundheit in sich hineinzuschlürfen."

Alfred Flückiger, Die jauchzende Winterlust. Zürich 1943

Wenden wir uns den schönen Seiten des Winters zu und lassen wir uns von den folgenden Skibildern mit Schnee verzaubern. Auch die romantischen und poetischen Texte der alten Skipioniere sollten wir an uns heranlassen. Ein bisschen Romantik und Poesie tut manchmal gut.

(Der Schweizer Alfred Flückiger, den wir hier besonders zu Wort kommen lassen, war in den 1920er und 1930er Jahren Schriftleiter von Wintersportzeitschriften und Jahrbüchern. Er schrieb außerdem das erste Lehrbuch für Skilehrer. Josef Dahinden gründete im selben Zeitraum sechs Skischulen in der Schweiz und schrieb mehrere Skibücher.)

Im ersten Schnee

„Schüttle Hemmungen und Ängste von dir, wenn du den ersten Schnee betrittst und gleite jauchzenden Sinnes den tausend Wundern entgegen."

Josef Dahinden, Ski und Du. Josef Dahinden´s zünftiges Rucksackbuch mit Zeichnungen von Hans Tomamichel. Zürich 1936

Wunder der winterlichen Schneewelt

„Einen silbernen Wintertag mit einem ungetrübten Jubel blauen Himmels restlos erleben und genießen zu können, ist allein ein köstliches Geschenk des Skilaufes. Da schlurfen wir auf langen Sohlen die Hänge hinauf, stehen geblendet und entdecken immer wieder neu die Wunder der winterlichen Schneewelt. Wir sind benommen, wir werden frei und ohne nörgelnde Vorbehalte."

Alfred Flückiger in: Ski. Jahrbuch des Schweizerischen Skiverbands. Chur 1932

Schnee verzaubert

Das Licht bricht sich vielfach. Die Sonne bekommt Schleier.
Schatten werden tiefer. Bäume verändern ihre Gestalt. Konturen
werden weicher. Dahinter Einblicke in das blaue Meer des Alls.

Im Schnee daheim

Die Vertrautheit mit dem Schnee, wenn er um uns fällt, wen
ihn einsinken oder über ihn dahingleiten, wenn er als Fah
Dächer und Berggipfel zieht, ist so etwas wie das Daheimsein
anderen Welt. Auch das Trotzen gegen Schnee, Kälte und Stu
uns über unser Alltagsleben hinauswachsen.

Aber völlig gehen wir in dieser Welt auf, wenn wir über die
gleiten, im Schwung den Schnee aufstieben lassen und
Tiefschnee hineintauchen.

Schönschreiben im Schnee

Spuren im Schnee, die unsere Ski und unser Fahrkönnen hinter-
lassen, sind wie Übungen in der Kalligraphie, kleine Kunstwerke
einer speziellen Schreibkunst. Sie sind meist schnell vergäng-
lich, aber doch auch Graphiken, die sich in unser Gedächtnis
einritzen. Man kann noch im Sommer davon träumen.

Vom Schnee sinnlich berührt

Manchmal sieht man diese Komposition von gleißendem Licht, flirrenden Kristallen und Weißfarben in den Hängen und Mulden. Dann wieder hören wir den Schnee unter uns knirschen. Schneeflocken oder aufstäubende Schneefahnen treffen das Gesicht und beginnen darauf zu schmelzen. Sinnlich berührt gleiten wir weiter, um in den Fahrtwind einzutauchen und den Rhythmen des Schwingens nachzuspüren.

Ski – unsere „Zauberpferdchen"

Nur ein Dichter wie Herman Hesse kann für seine Ski einen so poetischen Namen finden. Wir greifen ihn gerne auf. Die Liebe zu einer Sache kann sich auch sehr prosaischer Namen bedienen, wenn Skifahrer z.B. von ihren Brettern und Latten sprachen.

Viele Jahrtausende sind die Ski alt. Sie ermöglichten den Menschen das Leben im Winter, das Leben in Sibirien und in der Arktis. Skispuren führten zu Wild und Nachbarn, verliefen bergauf und bergab. Aber wie machten sie das am besten? Der „Ondur", ein fellbezogener kurzer Abstoßski und der lange Gleitski, waren nur ein Entwicklungsschritt. Die langen Ski der Wikinger und die geschweiften Telemarkski der Norweger vor 150 Jahren setzten sich besser durch – und ermöglichten auch gutes Abfahren.

Seit die Leute in Morgedal in den 1850er und 1860er Jahren lernten, mit Telemarks und Kristianias gezielt Kurven über Hänge zu ziehen, gab es kein Halten mehr. Seitdem wurden und werden Hölzer, Metalle, Kunststoffe und Kunstfasern durchprobiert. Die Längen variierten. Und zuletzt wurde eine Idealform für gutes Kurvenfahren gefunden – die Ski mit enger Taille, die Carvingski.

1949 stellt Frank Harper in seinem Buch „Skiing Naturally" diesen stark taillierten Ski vor.

Es hat lange gedauert, bis sich diese stark taillierten Ski durchgesetzt haben. Dann aber fiel es den Menschen wie Schuppen von den Augen. So sagte beispielsweise die Weltmeisterin Anja Paerson nach dem Riesentorlauf in St. Moritz am 13. Februar 2003 über ihren Ski und über ihre Fahrweise: „Früher habe ich immer viel gearbeitet auf dem Ski, jetzt lasse ich den Ski arbeiten"

Selbstverständlich haben auch unsere Altvorderen eine ganz besondere Beziehung zu ihren Ski gehabt. Als 1934 der Berg- und Skischriftsteller Henry Hoek ein Lehrbuch für eine Freundin schrieb, gab er ihr einen Rat, wie sie ihre neuen Ski aufnehmen sollte:

„Dann nimm heute Abend den einen der beiden Brüder (Ski) mit hinauf in dein Zimmer und stelle ihn an die Wand deinem Bett gegenüber. Und bevor du am Einschlafen bist, nicht mehr wach, noch nicht im Jenseitsland, lasse deine Augen lange und liebkosend über den Ski gleiten. Dann wird dir dieses Stück Holz viel erzählen... Du begreifst das sachliche Ebenmaß dieser leicht geschwungenen Linien: die Breite des Blattes, um den Schnee zu pressen; seine sanfte Steigung, um den Schnee zu überwinden; die leichte Spannung, um dein Gewicht auszugleichen; die feine Einschnürung, um den Schnitt des Bogens zu erleichtern.

Du gehst der langen Linie von unten nach oben genießerisch nach – und du spürst es, dass dieses Gerät zum Gleiten und für die Raumüberwindung gemacht ist – dass Geschwindigkeit und Schmiegsamkeit seine Idee sind, das es nach vorne, in die Ferne, in die Weite weist. ...

Dann schlafe ein; und dein Traum sei Glück und Gleiten."

Henry Hoek, Skiheil, Kamerad! Skikurs für eine Freundin. Hamburg 1934.
(Henry Hoek hat von 1906 bis 1950 Berg- und Skiliteratur publiziert. Als geborener Schweizer mit holländischem Vater wurde er 1907 Deutscher, aber 1936 wieder Schweizer. Zuletzt arbeitete er als Kurdirektor von Davos.)

Ski – Werkzeuge und Instrumente

„Gedanke und Gerät – nie waren sie besser einander angepasst;
Wunsch und Wille – nie vollkommener verkörpert ... Dieses mehr
als schlichte Werkzeug hat unermessliche Räume dem Menschen
erschlossen. Unsagbare Freude hat es gegeben – weil es vollendet
ist in der Form und unerreicht in seiner Einfachheit."

Henry Hoek, Skiheil, Kamerad. Skikurs für eine Freundin. Hamburg 1934

Ski wie „beflügelte Schuhe"

„Unter den Beinen des Ungeübten sind die Ski grotesk komische Hindernisse für das Gehen. An den Füßen des Kundigen aber werden sie zu beflügelten Schuhen ... Mächtiger, grandioser und kühner sind die Bewegungen auf dem Ski als die des Eislaufs auf dem Schlittschuh."

Anton Fendrich, Der Skiläufer. Stuttgart 1908

„Schon schwingen sie herum"

„Und dann die Abfahrt! Pulver auf altem Harsch! Es war ein Gefühl der Göttlichkeit im Menschen. Ein leichter Druck, schon schwingen die Bretter herum, schon laufen sie. Bei dem geringsten Wunsch auf Schwung, schon schwingen sie, schon gleiten und laufen sie. Es ging wie ein Strich auf der Geige. Wir waren gar nicht mehr Menschen, es war wie Gedicht und Sage."

Felix Riemkasten, Skihasenbrück. Innsbruck 1942

Ski – unendlich verlängerte Glieder

„Skifahren ist ein Spiel mit unendlich verlängerten Gliedern. Die Ski sollen dir fühlende Verlängerung des Körpers sein. Deine Skispitzen müssen dir sagen, wie der Schnee ist. Ein leises kosendes Verstehen muß sein zwischen dir und dem Schnee. Nur wenn du ihn gern hast, darfst du ungestraft mit ihm flirten, mit ihm spielen."

Henry Hoek, Skiheil, Kamerad! Skikurs für eine Freundin. Hamburg 1934

Mit kurzen Ski und kleinen eleganten Schwüngen

„Feiner Pulverschnee lag auf den Felsen, und oft ragten noch Steine hervor. Doch mit kleinen, eleganten Schwüngen, wie man sie nur auf Sommerski fertig bringt, kurvten wir um alle Hindernisse."

Dory Jaeggie in: Frohe Stunde im Schnee. Hrsg. vom Schweizerischen Damen-Skiklub. 1934

Die Kurve im Ski für die Kurve im Schnee

„Der normale Ski besitzt eine geschwungene Kante, die im offenen Schwingen schon bei leichtem Kanten die Richtungsänderung einleitet oder sie zumindest unterstützt. Beim parallelkantigen Ski dagegen können die Schwünge nur durch Anstemmen, stärkeres Anscheren oder sprunghaftes Entlasten und Herumschwenken der Hinterenden begonnen werden."

Werner Salvisberg, Slalom und Abfahrtslauf. München 1931

„Ein Schneemensch bin ich!"

Aus der Geschichte vom Wikinger Heming, der 1050 seinem König Harald IV. und dem Hofstaat seine Künste vorführen musste, wissen wir, dass es schon damals gute und kühne Skifahrer gab. Heute beherrschen viele Urlauber, Sportler, Rennfahrer, Skilehrer die Techniken des Schussfahrens und des Schwingens. Sie gehen ihrem Vergnügen nach, suchen Erfolge im Sport, wollen Experten in einer Sache sein und gebärden sich als Bewegungskünstler.

Unsere Motive, warum wir Ski fahren schön finden, sind also vielfältig. In einem Punkt, meinte der Journalist Anton Fendrich schon 1908, sind sich alle einig: „Das Heimweh nach Schnee und Schneeschuhlaufen ist nichts als eine Sehnsucht nach Bewegungsfreiheit." Das scheint wirklich für viele von uns zu gelten, wenn wir Urlaubspläne schmieden, wenn im Spätherbst der Schnee in der Luft liegt, wenn wir im Keller über unsere Skischuhe und Ski stolpern.

Heimweh und Sehnsucht nach dem Skifahren scheinen tief zu sitzen. Wir können dies selten formulieren, wissen aber in den Tiefenschichten unserer Erinnerung, wie wir als Skifahrer nur noch in Bewegungen und Bewegtsein existieren, wie Rhythmen uns führen, wie wir in Räumen der Höhen und Tiefen aufsteigen und versinken. Jeder geht auf in einem schönen Tun – gleich auf welcher Könnensstufe. Vollkommene Präsenz und tiefes Flow schenkt uns dieser Sport.

Nichtskifahrern ist die Leidenschaft der Skifahrer und ihr Glück beim Skifahren schlecht erklärbar. Auch den Skifahrern selbst fehlt es meist an Worten, ihr Tun und ihr Verzückt- und Verrücktsein zu erklären. Was nicht immer greifbar und bewusst ist, ist dennoch lebendig und wirksam. Die Künstlerin Ute Lemper formulierte dies einmal so in einem Interview mit dem STERN (2004, H. 38 . S. 186): „Ich habe endlich gewagt, Ski zu fahren. Jahrelang war mir das in sämtlichen Verträgen verboten ... Seit ich damit angefangen habe, bin ich total besessen". Jeder, der einmal Ski gefahren ist, versteht sie.

Letztlich ist Skifahren auch ein großes Spiel mit dem eigenen Selbstverständnis. Viele von uns erleben sich im Schnee und auf der Piste wie in einem anderen Leben. Wir treffen kühne Entscheidungen. Wir erlernen neue Bewegungabläufe. Wir kämpfen und siegen. Jeder schreibt sich selbst in den Schnee. Mit Carven ist unsere Schneeschrift noch klarer und dynamischer geworden. Vor allem im mittleren und oberen Könnensbereich wird diese Schrift immer individueller und persönlicher. Spuren verraten nicht nur unser technisches Können, sondern auch unsere motorische Intelligenz und Kreativität. Schneemenschen drängt es nach Expression und ästhetischer Ausstrahlung.

Übrigens stammt die Formulierung „Ein Schneemensch bin ich." von dem schon genannten etwas verrückten englischen Journalisten Charlie English, der dem Schnee in allen seinen Formen in der ganzen Welt nachgereist ist. In „Das Buch vom Schnee" schildert er:

„Wir flogen die Piste hinab und schrieen vor Begeisterung, die Augen tränten, vor uns die weite weiße, weiche Landschaft und ringsum der kilometerweite Blick. Von diesem Moment an war ich süchtig. Es war der Augenblick, der mich zu einem Schneemenschen machte."

Glückliche Schneemenschen

Zwar kann man auch ohne Skifahren glücklich sein – aber nur, wenn man noch nie auf Ski gestanden hat. Fast alle, die einmal Ski gefahren sind, wollen es nicht mehr lassen.

Freiheit und Selbständigkeit

„Das Gefühl der Freiheit und Selbständigkeit" erzeugt durch
eine rasche „Thalfahrt".

Der Münchner Georg Blab 1895 im ersten Skilehrbuch der Welt

Sehnsucht nach Bewegungsfreiheit

„Das Heimweh nach Schnee und Schneeschuhlaufen ist nichts
als eine Sehnsucht nach Bewegungsfreiheit."

Der Journalist Anton Fendrich 1908 in seinem erfolgreichen Skilehrbuch

Flieger und Taucher zugleich

Gleitend, kippend, stürzend dringen wir in immer neue Räume ein. Wir durchdringen die Mauer aus Luft und Kälte. Wir schweben und wir fliegen. Wir werfen uns von einer Seite auf die andere, weg vom Hang in die Tiefe. Und jedes Mal tauchen wir unter dem Horizont hindurch. Manchmal sind Skifahrer wirklich wie Flieger und Taucher, wie Vögel und Fische.

Über sich hinaus wachsen

Skifahrer erfinden sich regelmäßig neu. Ängstliche probieren Mut. Zaghafte entscheiden schnell. Langsame wollen Tempo. Stürmische entdecken Rhythmen. Perfektionisten verfallen dem Spiel.

Der ganze Mensch ein Skifahrer

Unsere Bewegungen und unsere Schneegraphik sprechen von unserem Können, unserem motorischen Temperament, unserem Schneegefühl, unserer Tagesform und Tageslaune, unserer motorischen Phantasie und den Gefühlen, die uns und unsere Bewegung tragen.

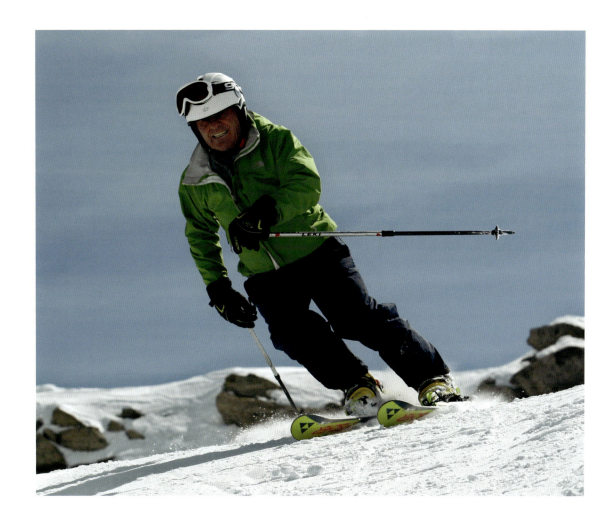

Einmal Skifahrer – immer Skifahrer

Kaum macht ein Mensch die ersten Rutscher, fühlt er sich schon als Skifahrer. Weil er plötzlich lange Füße bekommen hat? Weil er fünf Meter einer neuen Kunst hinter sich hat? Weil er ahnt, dass er sich auf eine lange Reise begeben hat? Jedenfalls: Er weiß, dass er nun dazu gehört. Und er wird es nicht mehr lassen.

Wie der Carvingski die Welt veränderte – Skirevolution Carving

Anfang der 1980er Jahre empfanden manche Skifahrer, dass es langweilig geworden sei. Dieses Gefühl der Abgeschlossenheit oder des Auslaufens einer Sache gab es im Laufe der jüngeren Skigeschichte schon öfter – allerdings immer in Form eines positiven Höhepunktes. Der berühmte und verdienstvolle Anton Bilgeri stellte schon 1925 fest, dass es keine weitere Entwicklung mehr geben könne. Auch ein maßgeblicher Experte in Österreich, Emil Armin Pfeifer, meinte 1934 über einen der größten Skilehrer aller Zeiten: „Der alpine Skilauf kann in seinen Grundzügen als vollendet und abgeschlossen gelten." (Hannes Schneiders hohe Schule des Skilaufs. 1934).

Ein noch höher einzuschätzender Fachmann und Literat, der von 1906 bis 1951 publizierte, Henry Hoek, schrieb 1941 nach der Beobachtung des Parsenn-Rennens in Davos: „Etwa vierzig bis fünfzig Jahre hat die Entwicklung gebraucht um so weit zu kommen. Jetzt ist kein Fortschritt mehr möglich … schade!" (Die vier Stufen des Skifahrens. In „Der Schneehase". Jahrbuch des Schweizerischen Akademischen Ski-Clubs)

Sie hatten alle Unrecht. Der Zeit des Pflügens und Stemmens in – aus heutiger Sicht – langsamer Fahrt folgte das Schwingen in Rotationstechnik, extreme Vorlage wurde propagiert, Gegenschulter und Mambo folgten, die Wedeltechnik kam, Ausgleichstechnik und Jetten ergänzten diese. Und unbeachtet von den großen Schulen bahnte sich über Jahrzehnte ein Denken und Wissen an, das von den Eigenschaften und der Selbstführung der Ski ausging.

Sicherlich der größte Einschnitt, den es jemals gab, war die Etablierung von Carvingski und Carvingtechnik. Schon der Telemark-Ski des 19. Jahrhunderts hatte eine taillierte Form. Was es damit auf sich hat, brachte 1914 der deutsche Literat und Experte Carl J. Luther mit einer einfachen Zeichnung auf den Punkt:

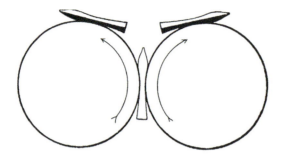

„Der Wintersport". 1914

Ski fahren also sozusagen von selbst eine Kurve, wenn man sie auf die Kanten stellt. Viele Ansätze zum Carven finden wir beispielsweise 1934 bei Toni Ducia, 1949 bei Frank Harper (New York) und bei Amerikanern der 1960er und 1970er Jahre. Vor allem durch Rennfahrer und die schwedische Skischule kam es um 1980 zur großen Wende, sicher der größte Evolutionsschritt und geradezu eine Revolution. Deshalb hießen unsere Bücher 1989 auch „Die neue Skitechnik" und 1995 „Skirevolution Carving". Deshalb auch konnte Milan Maver aus Ljubljana schon in einer gewissen Rückschau im Jahre 2000 seinem Carvingbuch den Titel geben: *„Wie der Carvingski die Welt veränderte"*

Der Durchbruch von 1996: „Nach Elan und Kneissl, den Vorreitern von 1991 und 1992, geht die Skiindustrie mit der ISPO (Sportartikelmesse) 1996 in die Skigeschichte ein. Geschlossen präsentierte sie am 6.2.1996 der Weltöffentlichkeit den Carvingski. Die Skiindustrie wagt es, gegen die großen Verbände des Skilehrwesens und gegen eine Verleumdungswelle vieler deutscher Journalisten anzutreten." (Walter Kuchler in „Skiläufer", Heft 6, 1997)

Noch zwei Stimmen, die das revolutionäre Element der Entwicklung gut zum Ausdruck bringen: Ivan Sosna, Journalist und Skitester aus Prag 1996: „Wer seinen ersten Carvingschwung gefahren hat, für den hat sich die Skiwelt verändert."

Tomek Kurdziel, Herausgeber der polnischen Testzeitschrift für Ski, nach seiner ersten Abfahrt auf Carvingski 1996: *„Ich habe soeben die Religion gewechselt."*

Mit Carven geht alles leichter

Carven ist leicht und schnell erlernt. Der Carvingski
ist dabei ein guter Lehrer.

Und der Himmel des guten Skifahrens hat sich für
alle geöffnet.

Ski auf Kurven geeicht

Carven heißt: Auf die Autokinetik des Ski setzen. Die Synergien von Skitechnik und Skitechnologie nutzen. Die Symbiose von Fahrer und Ski anstreben. Völlig neue Perspektiven.

Offen und unbegrenzt

Viele neue Raffinessen bieten sich an. Stile können sich entwickeln.
Einige Skifahrer werden für sich eine eigene Technik erfinden.

Mehr Sicherheit – weniger Risiko

Carven bietet mehr Sicherheit. Es gibt weniger Stürze.
Die Risiken beim Sturz sind geringer.

Spektakulär – zum Fahren eher harmlos

Beim Hand- und Bodycarven kommt es zu direkten Schneekon-
takten. Hand oder Körper führen mit. Man kann sogar auf dem
Körper gleiten. Mit einer kleinen Körperdrehung fasst dann der
Ski wieder voll zu und schiebt den Fahrer wieder hoch.

Eine Chance für Handicap-Fahrer und Senioren

Mit alten Techniken in neuen Formen brillieren. Mit Technik-varianten sicher und dennoch elegant fahren. Man kann heute ganz schön alt werden auf Ski.

Carvingtechnik – Zauberformel Carving

Wie viele Skitechniken hat es nicht schon gegeben?! Stemmend, scherend, springend, rotierend, gegendrehend usw. ging es in die Kurve. Der große Theoretiker Georges Joubert verweist in einem seiner Skibücher auf mehr als hundert technische Elemente und auf ebensoviel zusammengesetzte Elemente, die in den verschiedenen Skitechniken auftauchen. Immer wieder einmal hieß es deshalb: Es gibt etwas Neues, das Alte hat ausgedient.

Carven erhebt den Anspruch auf etwas Neues in einer Entschiedenheit, wie es niemals zuvor geschehen ist. Der Grund liegt darin, dass sich Ski und Fahrweise zugleich grundlegend geändert haben. Eines ohne das andere ist nicht denkbar.

Wie geht nun Carven wirklich? Eigentlich einfach. Aber man kann einfache Strukturen ausreizen, verfeinern, auslegen auf verschiedene Anwendungen. Und man kann auch wieder alte Spiele beginnen und diese oder jene bekannten Elemente einbauen. Sie sehen, man muss um die Zukunft des Skifahrens keine Angst haben. Die Entwicklung wird weitergehen. Im folgenden Bild-Textteil werden wir die Grundstruktur des Carvens darlegen, wie wir sie sehen.

Davon abgesehen: Wenn Sie in der klassischen sog. Wedeltechnik groß geworden sind, dann werfen Sie nicht gleich alles zum alten Eisen. Bewahren Sie sich beispielsweise das elegante, kunstvolle klassische Wedeln, in das Sie wahrscheinlich viel Lernzeit investiert hatten.

Überhaupt möchten wir als Anregung geben: Vielleicht versuchen Sie sich in mehreren alten Techniken wie der Rotationstechnik oder der Mambotechnik. Mit unserer modernen Ausrüstung lässt sich das verhältnismäßig leicht realisieren. Der Carvingski wird diese Techniken jedoch verändern, so dass eine Art Neo-Classic entstehen wird.

Aber zunächst möchten wir Sie für das Carven gewinnen.

Kleine Carvingschule mit sechs Ratschlägen – Anregungen für Neueinsteiger, Herausforderungen für Erfahrene

Rat 1

Rat 2

Rat 1:

Wechseln, kippen, stürzen Sie von einer Seite auf die andere. Dadurch schneller Ski- und Kantenwechsel.

Rat 2:

Wechseln Sie die Hände, oder tauchen Sie ohne Stöcke wie Snowboarder mit beiden Händen in den Schwung hinein.

Rat 3:

Kippen Sie mutig aus der Hüfte horizontal in die neue Kurvenlage. Hüftcanting statt Kniecanting.

Rat 4:

Suchen Sie, so bald wie möglich eine starke Kurvenlage einzunehmen. Das führt zu einem hohen Aufkantwinkel, erhöht die Selbstführung des Ski – und macht Lust.

Rat 5:

Gehen Sie von der vornehmlichen Außenskibelastung weg und wechseln Sie zur Belastung beider Ski oder gar – vor allem zu Schwungbeginn – zur Belastung des Innenski.

Hier dürfen wir uns nicht indoktrinieren lassen. Experimentieren Sie und genießen Sie die Variation!

Rat 6:

Achten Sie von Anfang auf typische Carvinggefühle:

- Gleiten vom Schwunganfang bis zum Schwungende

- Kühnes Hinein- und Hinabkippen

- Kurvenlagen und Stauchdruck genießen

- Schweben durch den Raum.

Sollten Sie mit diesem oder jenem Fachausdruck nicht zurecht kommen, schauen Sie bitte in unseren Büchern nach. Aber das meiste wird schon gelingen.

Rat 3

Rat 5

Rat 4

Rat 6

Die Melodie der Kurven – Schwungrhythmen

Nichtskifahrern sind die Leidenschaft der Skifahrer und ihr Glück beim Skifahren schlecht zu erklären. Skifahrern selbst fehlt es meist an Worten, ihr Tun und ihre Faszination zu formulieren. Was nicht immer greifbar und bewusst ist, ist dennoch lebendig und wirksam. Gelegentlich jedoch sollte man darüber nachdenken und sprechen.

Als ich einmal nacheinander Gruppen von Skilehrern für eine Untersuchung Diktiergeräte in die Hand drückte, damit sie unmittelbar nach einer kurzen Abfahrt ihre Gefühle und Empfindungen formulieren sollten, war zunächst eine große „Ladehemmung" zu beobachten. Ab dem dritten Anhalten aber waren die Hemmungen weg und der Damm gebrochen. Es sprudelte nur so aus den Leuten heraus, und ich musste sie bitten, sich kurz zu fassen, da ja alles auch noch vom Band aufs Papier gebracht werden musste.

Vielleicht hätten wir alle noch mehr vom Skifahren, wenn wir gelegentlich anhielten, in uns hineinhorchten oder auch miteinander über unsere Eindrücke sprächen. So intim und subjektiv sind unsere Gefühle gar nicht. Das Skifahren und unsere Bewegungskünste berühren uns alle in gleicher Weise. Lassen Sie sich mit den folgenden Bildern und Texten auf Erinnerungen ein, vielleicht werden sogar Gefühle wieder wach.

„Das Glück liegt in der Kurve." Diese Formulierung prägte Jochen Buchsteiner in einem Artikel der ZEIT, nachdem wir gemeinsam eine Woche lang scharfe Carvingspuren über die Hänge von Sölden und Hochgurgel gezogen hatten.

Süchtig nach Kurvenlage und Kurvendruck

Der Verhaltensforscher und Motorradtrainer Bernt Spiegel stellte fest, dass in der Entwicklungsgeschichte alle Vier- und Zweibeiner stärkere Kurvenlagen als 30 Grad vermeiden lernten. Bis zur Carvingära war dies auch bei den Skifahrern so. Heute knacken wir diese biologische Sperre. Aber dann passiert es: Weite Körperlage und hoher Kurvendruck machen süchtig!

Schwingende Rhythmen

Ein unermüdliches Hin und Her im Schwingen, ein ewiges Hinab und Hinauf auf den Hängen, Tage, durchzogen von Spannungsbögen der Erwartung und Erfüllung, Monate ohne Schnee aber voller Erinnerungen, die beginnende Unruhe nach ersten frostigen Tagen – all dies wird zu Rhythmen eines Skifahrerlebens.

Die vollkommene Kurve:
Zusammenspiel von Fahrer und Ski

Glücksstunden sind es, wenn es zwischen Fahrer, Ski und Situation zu vollkommenen Resonanzen kommt. Die Spur, die Fahrt als Ergebnis von Synergien zwischen Fahrer und Ski.

Kurvenflow und einmalige Präsenz

Versinken in Räumen, in Rhythmen, in Bewegungen und Bewegt-werden. Nur noch da und präsent sein, Aufgehen im Tun. Ski-fahrer tauchen immer wieder in die Vergessenheit von Flow ein.

Kurvenlage und Stauchdruck

Reines Gleiten, kühne Kurvenlagen, hoher Stauchdruck, Kippen und Schweben, Sich-Messen mit den Kräften der Gravitation und der Kurve, Spiele von Verlieren und Wiederfinden des Gleichgewichts, Befriedigung aus dem Durchstehen und Durchhalten, Bewältigen und Genießen schwieriger Situationen, geglücktes Arrangieren der Doppelaufgabe von Bewegt-Werden und Sich-Bewegen, Geschwindigkeiten steigern und bewältigen und Geschwindigkeiten zähmen.

Das Ich im Kurvenrausch

Bewusstheit durch Bewegung! Das Ich-Bewusstsein steigert sich in Hochgefühle bis zum Bewegungsrausch und verliert sich in ozeanischen Gefühlen und in Selbstvergessenheit.

„Lieber Gott, lass den Hang nie enden!"

Manchmal bricht es aus den Skifahrern heraus, so wie bei unserem Freund Uli Kröckel aus Hamburg, auf den wir am Ende des Hanges warteten. Er schaute nach oben und murmelte vor sich hin. Er sprach aus, was wir alle fühlten.

Schweben in Raum und Zeit

Die vielen positiven Gefühle und Gefühlslagen verdichten sich oft
zu einem anhaltenden Stimmungshoch. Ski und Fahrer schweben
durch Raum und Zeit.

Motions by Emotions – Emotions by Motions

Wie Bewegungen aus Gefühlen kommen und wie Gefühle Bewegungen gestalten

Ein schönes Wortspiel, das nur in Englisch so funktioniert. Kanadische Skilehrer haben es geprägt und auf einem Kongress vorgetragen. Es erschließt sich auch einem deutschsprechenden Skifahrer sofort. Übersetzt wirkt es umständlich: Bewegungen lösen Gefühle aus – Gefühle steuern Bewegungen. Bleiben wir also in diesem Falle bei der englischen Version.

Zunächst: Emotions by Motions. Erzeugen Bewegungen Gefühle, typische Gefühle? Wir kennen den Bewegungsrausch, die sagenhaften Tiefschneegefühle, das Ansteigen unseres Gefühlspegels im Frühjahrsfirn. Wir sehen auch bei anderen Skifahrern, was harmonische und elegante Bewegungen sind und werden davon emotional berührt. Wenn uns selbst etwas Besonderes in dieser Richtung gelingt, meinen wir auch von uns selbst, dass wir rhythmisch, gekonnt, elegant, dynamisch, kraftvoll oder harmonisch gefahren sind. Also müsste es stimmen, dass unsere Bewegungen uns in eine bestimmte Gefühlslage heben.

Aber ich möchte noch einen Schritt weiter gehen. Ich meine, ja ich bin überzeugt davon, dass ganz bestimmte Bewegungen mit ebenso bestimmten Gefühlen verbunden sind. Beispiel Wedeln und langgezogener Schwung. Beide Techniken erzeugen in mir ein bestimmtes Gefühl und sind für immer damit verbunden, sind aber jeweils anders. Oder: Eine Kurvenlage mit 60 bis 70 Grad Neigung lässt in mir ein ganz bestimmtes Kurvengefühl aufwallen. Dies ist bestimmt vom hohen Stauchdruck einer solchen Kurve. Von der Nähe zum Schnee, wie der Körper über den Hang hinwegfegt. Vom Gefühl unter mir, wie die Kante in den Schnee einen Bogen hineinfräst. Kurzum:

„Der Reiz des nahezu wirklichen Vogelfluges"

„Der Rausch einer sausenden Abfahrt, der Taumel windeiliger Schnelligkeit und Herrscherstolz über Raum und Zeit, ja der Reiz des nahezu wirklichen Vogelfluges" werden gewährt.

Carl J. Luther, Der moderne Winterssport. Leipzig 1912

Ich meine, es gibt bestimmte Bewegungsgefühle, die eine eigene Identität haben. Und sind es nicht diese Gefühle, denen wir Skifahrer hinterher jagen? Schauen Sie die folgenden Skibilder unter diesem Gesichtspunkt an und versuchen Sie, sich gefühlsmäßig in die Fahrer und in die Situationen hineinzuversetzen und sich so als Skifahrer wiederzuerkennen.

Bleibt uns noch zu verstehen, was die kanadischen Skilehrer unter „Motions by Emotions" verstehen. Können Gefühle einigermaßen deutlich Bewegungen steuern? Selbst aus dem Alltag wissen wir, dass uns vieles besser gelingt, wenn wir „gut drauf" sind. Und wir haben Skitage, da geht alles leichter, da gelingt uns einfach mehr. Warum? Weil wir in guter Stimmung waren.

Erfahrene Skilehrer wissen um das Erfolgsgeheimnis, wenn sie ihre Schüler für das Lernen motivieren, sie in gute Stimmung versetzen. Manche gehen noch einen Schritt weiter und lehren ihre Schüler, sich selbst emotionell zu provozieren. Sie stellen beispielsweise Aufgaben wie: Wir fahren jetzt wie ein Wiesel und huschen mit kurzen Schwüngen über den Hang. Oder: Wir sind ein Adler, breiten die Arme und stürzen uns in die Tiefe. Ergebnis: Vielen Schülern gelingen so Dinge, von denen sie bisher nur träumten. Die Autosuggestion und Selbstprovokation sind probate Strategien. Vielleicht nutzen Sie die folgenden Bilder dazu.

Nun ist es wirklich nicht so, dass das Gefühlsleben der Skifahrer erst mit der Carvingtechnik erwacht ist. Auch unsere Väter und Großväter der weißen Kunst hatten ihre Erlebnisse. Deshalb bringt das Buch in diesem Abschnitt hauptsächlich Zitate aus früheren Zeiten.

Motions by Emotions – Emotions by Motions! Ein Einblick in die Geheimnisse des Skifahrens. Den kanadischen Skilehrern sei Dank!

Hermann Hesses erotische Skigefühle

„Konnte ich auch noch keine richtigen Touren machen, die Sinne waren mir doch erwacht und so wie ich beim kühl rosigen Abendlicht mit den Augen die Schatten und Mulden der Berghänge ablas, so spürte ich, auf den Skiern, im Abfahren mit allen Gliedern und Muskeln, besonders aber mit den Kniekehlen, tastend die lebendige, wechselvolle Struktur der Hänge nach, wie die Hand eines Liebenden den Arm, die Schulter, den Rücken der Freundin erfühlt, seine Bewegungen erwidert, seinen Schönheiten tastend Antwort gibt...

Ich fahre einen der Hänge hinab, weich in den Knien, fühle die Form der hundert kleinen Terrassen und Wölbungen bis in den Kopf hinauf sich in mich einschreiben, musizieren, mich zu Abenteuern der Liebe und Vereinigung einladend."

Hermann Hesse, Winterferien in Arosa

Kühnheit, Eleganz, Rhythmus

Als 1936 Weltmeister Rudolf Rominger die abgrundsteile Isola Pers im Tempo-Kristiania hinunterschwang, meinten die Experten Eugen Matthias und Giovanni Testa: „Die Kühnheit war zugleich höchste Eleganz, wundervollster Rhythmus, unaussprechbare Harmonie zwischen Körper und Geist, Mensch und Natur."

Natürliches Skilaufen. Bern 1936

Bis die Gefühle einströmen

Schwingen – sich schräg zwischen Schnee und Horizont legen. Und den Himmel einmal von der und dann von der anderen Seite anschauen. 30, 50, 80 Grad Kurvenlage. Bis die Gefühle des Freiseins, der Freiheit einströmen.

Gleich dem erhöhten Herzschlag

Schwingen – ewiges Hin und Her. Sich dem Wunsch nach unendlicher Wiederholung hingeben. Gleichklang des Taktes von Ski und Fahrer. Vom Rhythmus Getragen-Sein. Gefühl des Leichtseins. Und doch auch Steigerung. Bis zur Verdichtung im Wedeln. Gleich dem erhöhten Herzschlag.

Arrangements guter Gefühle

Reines Gleiten, kühne Kurvenlagen, hoher Stauchdruck, Kippen und Schweben, sich Messen mit
den Kräften der Gravitation und der Kurve, Auf-
geben und Wiederfinden des Gleichgewichts, mit
Geschwindigkeiten spielen.

Damit alles stimmig wird

Resonanzen sind Glücksstunden, in denen wir im Fahren und Schwingen aufgehen, die Räume durcheilen und unsere Bewegungen immer neu entwerfen. Alles gelingt und alles wird stimmig.

In Kaskaden von Hormonen

Licht, Bewegung, Rhythmen, Gelingen, Kontakte – jedes für sich ein Glücklichmacher. Förmlich eine Kaskade von Hormonen wird auslöst. Skifahren ist eine selbstverordnete Medikation für gute Stimmung mit körpereigenen Drogen.

Glückliche Minuten und glückliche Stunden

Skifahrer erleben sehr glückliche Minuten und Stunden. Getragen von den Eindrücken der Winterlandschaft, von Bewegungsgefühlen, von Bewegungserlebnissen und von Begegnungen. Glück speichert sich in Erinnerungen, wirkt weiter, kann weiter getragen werden. Offensein und Bereitsein für Glück lässt sich so erlernen, und Glücklichsein lässt sich so auch als Fähigkeit trainieren.

Selten allein unterwegs – Wellnessspuren

Vor etwa 5500 Jahren meißelten die Leute von Zalavoruga Skifiguren in Steinplatten. Hunderte von Figuren auf diesen in den Ladogasee in Russland hinein verlaufenden Platten erzählen von der Skigeschichte der Steinzeit. Darunter ist auch eine Gruppe von Skiläufern. Es sieht so aus, als ob sie meist zusammen zur Jagd oder auch immer wohin unterwegs gewesen waren.

Aus der Edda, einer Sammlung von nordischer Geschichte und Geschichtchen, haben wir Berichte, dass man an den sog. Königshöfen in Skandinavien gerne zum Skifahren ging. Der ganze Hofstaat zog manchmal hinaus. Wir wissen das aus einer Geschichte, als im Jahre 1060 Heming, der beste Skifahrer von König Harald dem Harten, sein Können auf einem Steilhang unter Beweis stellen musste.

Um das Jahr 1680 gingen die Leute auf der Bloke sonntags auf den Kirchhügel hinauf, um sich in lustigen Abfahrten zu vergnügen. Männer, Frauen und Kinder. So wird auch berichtet, dass sich die Mädchen gerne hinten auf die Ski der Burschen stellten.

Aus dem Jahr 1882 wird vom ersten richtigen Skikurs berichtet. Eine Zeitung, das „Afterblad" in Oslo, schrieb ihn aus. Seitdem ist das Erlernen des Skifahrens in der Gruppe mit einem Skilehrer die Standardform der Vermittlung geblieben.

Gemeinsame Künste – gemeinsame Spuren

Die Kalligraphie, das gemeinsame Spurenlegen im Schnee, ist eine
Kunst der Graphik. Im sog. Zopfen, dem Flechten von Spuren zu
Zöpfen, werden sogar Weltmeisterschaften ausgetragen.

1908 sang man das Lied „Zwei Brettln a gführiger Schnee, juche!" Es ist ein kleines Zeugnis einer neuen Kultur, die sich um das Skifahren herum entwickelte. Lieder, Reime, Zeichnungen und die junge Fotografie begleiten von nun an das Skifahrerleben. In Vereinen – erster Skiklub in Deutschland, genauer in Todtnau, 1892 – wurde dieses gepflegt. Die Geschichte des Skilaufs ist ohne die sog. Hüttenkultur nicht zu denken. Fast zweitausend Skibücher, die uns das Skilernen vermitteln wollen, gibt es seitdem. Noch zahlreicher sind die Reisebroschüren und die Bücher, die uns in Geschichten, Liedern, Zeichnungen und Fotos vom schönen Skifahrerleben berichten.

Eine neue Kultur gesellschaftlichen Lebens und Feierns entwickelte sich mit dem Hüttenleben der 1920er und 1930er Jahre. Liederbücher, Fotos und Zeichnungen, Geschichten und Filme berichten davon. Es war eine romantische Zeit.

Aber auch heute noch kennt das Skifahren Gemeinschaft und Geselligkeit. Dazu gehören das gemeinsame Lernen, gemeinsames Abfahren, Gruppenleistungen in Choreographien und im Spurenlegen, der Kontakt am Schlepplift, die Einkehr, die Brotzeit, die Jause, das Besprechen des Sturzes am Tresen, die Einkehr am Schirm, das Schneefest der Kinder, tiefgründige abendliche Theorie im Skikurs. Geselligkeit, Kommunikation, Bekanntschaften und Freundschaften – das Skifahren zeigt sich in vielen Facetten des Miteinanders.

Viele Skifahrer empfinden, dass das Skifahren ganz allein über längere Zeit gar nicht geht. Selbst wenn wir uns auf der Piste kaum kennen und jeder für sich fährt – wir brauchen uns. Wir fahren, wir demonstrieren unser Können, und wenn es noch so bescheiden ist. Wir schauen den anderen zu. Wir bewundern, und wir schütteln den Kopf. Wir kommunizieren Gefühle und Stimmungen über die Bewegung.

Skifahren ist auch eine großes Bewegungstheater, in dem jeder von uns zugleich Akteur und Zuschauer ist.

Choreographien – Bewegungstheater auf Ski

Ob in strengen Formationen oder im bunten Mit- und Durcheinander. Ein Sich-Tummeln in einem Bewegungstheater mit Freunden wie mit Fremden, in der jeder Darsteller und Zuschauer zugleich ist.

Skihaserl-Legenden – damals und heute

Es gibt sie, die Skihaserl. Vor 5000 Jahren wurde auf der Insel Rödöy am Polarkreis, eine Figur mit einem Hasenfell und mit Hasenohren über dem Kopf, in den Fels gemeißelt, das sog. Skihaserl. Vergangener Jagdzauber. Auch die Skihaserlromantik der 1920er und 1930er Jahre ist verblasst. Dennoch ziehen sich weiter Spuren der Erotik über unsere Hänge. Auf Ladyski beispielsweise.

Fremde – Bekannte – Freunde

Aus Fremden werden Bekannte, aus Bekannten Freunde – man trifft sich auf Ski. Das kommende Jahr wird verabredet. Welche Ski fährst du eigentlich dieses Jahr? Das war wieder ein Tag!

Wellness spezial – gegönnt

Apres-Ski ist mehr als ein Einkehrschwung. Es ist ein Weiter-
gleiten und Weiterschwingen der guten Stimmung ohne Ski
unter den Füßen. Die Jause, der Drink unterm Schirm, Kaffee-
pause mit Kuchen und Apfelstrudel, Thekengespräche gehören
einfach dazu. Vielleicht auch noch Saunieren und Schwimmen.
Den drei Ladies sei auch ihr „Freibad" gegönnt.

Hintereinander – Miteinander

Miteinander Ski fahren so heißt das Programm von fast allen Skifahrern. Skifahren ist ein Gesellschaftssport. Man fährt gemeinsam los, kommt gemeinsam an. Plant gemeinsam weiter. Kehrt gemeinsam ein und zieht gemeinsam den Schlussschwung.

Selten allein – häufig zu Zweit

Paarlaufen kennt viele Formen. Jede Könnensstufe hat ihre Möglichkeiten. Immer wieder sieht man gemeinsame und synchrone Aktionen. Meist tut es auch das Hinterher-Fahren.

Einkehr – Heimkehr

Für unsere „Vorfahren" war die Skihütte ein Ort der Gastlichkeit und Geselligkeit. Dort entstanden Skilieder, Gedichte und Geschichten. Von der Hüttenromantik zehren heute noch die großen Bergrestaurants. Auch dort heißt Einkehr immer noch Wärme, Essen, Trinken – und Plaudern. Und dann die Dusche im gastlichem Haus.

Sommerspuren – Wolkenträume

Skifahrer nehmen ihre Erlebnisse, Gefühle, Begegnungen mit nach Hause und glauben, dass die weiße Kunst auch ein bisschen das Leben verändert. Skifahren gehört dazu. Und wenn Skifahrer in Sommerwolken schauen, sehen sie darin manchmal auch Skispuren.

KLAUSNERHOF

berührt die Sinne

Zufriedenheit. Geborgenheit. Genuss.

Wir kennen besten Zutaten, um sich „Dahoam" zu fühlen. Lassen Sie sich von unserer Zillertaler Höhenluft beflügen. Atmen Sie durch und kommen Sie an. Lassen Sie Altes hinter sich und entecken Sie die neue Zillertaler Gastgebertradition.

Wir wollen jedem einzelnen Gast das Gefühl geben, dass er die absolut wichtigste Person in unserem Haus ist. Das ist eine große Herausforderung, aber auch eine sehr schöne Aufgabe. Der Klausnerhof ist ein Kraftplatz. Eine Quelle der Energie. Ein Ort, der alle fünf Sinne berührt.

Wir freuen uns auf Sie!

Familie Klausner • A-6294 Hintertux 770
Zillertal – Tirol – Österreich
Telefon 0043 5287 8588

info@klausnerhof.at • www.klausnerhof.at